Leda Scaglione

PENSIERI E RICORDI

Youcanprint Self-Publishing

Titolo | Pensieri e Ricordi
Autore | Leda Scaglione

ISBN | 978-88-93219-26-6

Finito di stampare nel mese di
Novembre 2015

Youcanprint Self-Publishing
Via Roma, 73 – 73039 Tricase (LE) – Italy
www.youcanprint.it
info@youcanprint.it
Facebook: facebook.com/youcanprint.it
Twitter: twitter.com/youcanprintit

Dedico queste poesie
a tutti quelli che
le leggeranno

Commento

Sono versi spontanei di autentico vissuto, versi buttati giù tutto d'un fiato, senza pensarci due volte, pensieri che sorgono dalla mente e dal cuore, un mix di sentimenti nobili, in un mondo fatto di immagine, di apparenze e di finzioni, di mancanza di autenticità, è il modo migliore per respirare sano e rivivere, attraverso questi versi la genuità e la freschezza di sentimenti veri, sia essi nella gioia, che nel dolore.

****

Prefazione
Pensieri e ricordi

Lungo le strade delle vita si fa esperienza del dolore e della gioia, della solitudine e della compagnia, della delusione e della speranza. Di tutto ciò che accade si fa tesoro, per custodirlo con cura, per ricordare e valutare gli aspetti positivi e negativi, i sentimenti provati o negati, le occasioni colte o perse. Così i ricordi si accumulano e i pensieri si susseguono in un continuo e incessante fluire interiore che accompagna le giornate.

C'è chi conserva segretamente e gelosamente questo prezioso patrimonio di esperienze ed emozioni vissute e chi invece rielaborandolo in forma poetica lo dona agli altri con generosità, così come ha fatto Leda Scaglione.

L'amore per i figli e per i nipoti e la loro capacità di travolgere l'esistenza si pone accanto all'amarezza accumulata dopo tante illusioni svanite, ma anche alla forza interiore di continuare a sperare e ad aprirsi alle inaspettate opportunità che il destino riserba ad ognuno.

Nelle composizioni poetiche presenti nella raccolta Pensieri e ricordi, l'autrice attraverso immagini chiare e intense, sembra esporre se stessa, senza maschere e senza armature, e nel medesimo tempo il lettore è invitato a fare lo stesso, a pensare al proprio percorso, al passato e al presente, al tempo che scorre

*inesorabilmente. Emblematica in quest'ultimo senso è
la poesia "La vita":*
la tua vita è legata ad un filo,
un filo di seta, per questo:
non sciuparla, abbine cura
perché non si vive due volte e
per molti nemmeno una, se vivere
significa soltanto vegetare,
quando non ci sono motivi veri
ai quali aggrapparsi per vivere.
*Questi versi poetici rappresentano un invito ad apprezzare l'esistenza, ad assaporarla e a cercare un senso profondo, un significato che non la renda vana. Poiché anche per l'uomo più longevo la vita è un soffio, un leggiadro soffio che non va sprecato. Un messaggio importante e diretto che l'autrice grazie
alle sue poesie invia direttamente al cuore del lettore.*

A cura di Youcanprint

Il mio passato

Spesso ripeto sottovoce che si deve vivere di ricordi,
solo quando sono rimasti pochi giorni,
quello che è passato è come se non ci fosse mai stato.
Il passato è un laccio che
stringe la gola alla mia mente e toglie energie
per affrontare il presente.
Il passato è solo fumo di chi non ha vissuto.
Quello che ho già visto non conta più niente.
Il passato ed il futuro non sono realtà,
ma solo effimere illusioni,
devo liberarmi del tempo e vivere il presente,
giacché non esiste altro tempo
che questo meraviglioso istante.

Alda Merini

Il tempo

L'ora è nel tempo, il tempo è nell'ora,
la vita di un uomo è solo nel tempo, nel tempo si vive,
nel tempo si muore, cos'è l'ora dunque,
perché' ci consola ?

La vita è un inganno, ma è pur molto bella:
guardiamo pur l'ora se la vita ci attende

Creatura strana

Legate sono le mie braccia,
ma la mia mente vola e abbraccia
la vita, che le sfugge di mano,
ogni volta che il mio sguardo
si posa su di te: creatura strana.
Potevo avere tanto: non l'ho voluto.
Potevo dare tanto e non l'ho dato.
Oggi che voglio poco, mi si rifiuta.

I gabbiani

Non ancora stendo le ali,
non ancora riprendo a volare,
perché lassù, la luce ti acceca:
abbaglia la vista e,
il sogno che vuoi raggiungere
ti brucia le ali,
allora perché volare?
sarebbe bello però, rincorrere gabbiani
che spregiudicati volano, a dispetto di coloro
che non hanno le ali,
o che pur avendole
non riescono più a: volare, sognare, sperare.

L'uomo

Come sigaretta si consuma,
da piccola fiamma nasce,
bagliore di vita, diventa morte.
Fumo grigiastro:
siete i sogni dell'uomo,
vita che si succede.
Arrivi alla penosa cicca,
come un furioso batter d'ali.
Il portacenere sembra dire:
eccomi, ti aspetto.

Un ricordo

Nel viale della tua vita,
allungavo il passo per non scivolare
nella poltiglia di foglie cadute,
non spazzate da alcuno.
Quel giorno, ebbi paura di vedere il tuo profilo
perdersi nell'azzurro del tuo volto,
che rigoroso, osservava la poltiglia
di foglie giallastre, rossastre, seccate dal sole,
che impallidiva sempre più, quando passavo
nel viale della tua vita.

L'ombra

Incontro alla vita io vado seguita.
seguita da un' ombra che ora colgo
di fronte. E' l'ombra di nessuno:
è solo la mia ombra,
io corro e mi rincorre:
non puoi salvarmi è vero.
Ma io, aiuto non ti chiedo.
Non voglio sembrare debole
agli occhi tuoi di gelo.

La vita

La tua vita è legata ad un filo,
un filo di seta, per questo:
non sciuparla, abbine cura,
perché non si vive due volte e
per molti nemmeno una, se vivere
significa soltanto vegetare,
quando non ci sono motivi veri
ai quali aggrapparsi per vivere.

La vela

E' bianca ed è bella, ed anche gagliarda,
la vela che ora io trovo davanti.
La guardo ed è come un ricordo lontano,
ed il suo candore mi invita a seguirla,
seguirla... ma come?:
Con un aquilone,
oppure col vento che è rincorso dal tempo.

Dove vai

Dove puoi andare,
se non conosci la strada,
se il tuo cielo perla
ha perso il suo colore,
se la tua ferita avverte ancora dolore.
Dove credi di andare,
se in fondo ai tuoi occhi,
malgrado tutto, rimane il suo bagliore.

Ai miei figli

Quando siete arrivati
è stata la gioia più grande
che io abbia mai provato.
Non mi importava più
del sole, non mi importava più
del cielo, non mi importava più
delle stelle, perché' solo voi
eravate il mio cielo, solo voi
il mio sole.
Solo i vostri piccoli occhi, erano
le mie stelle.

Speranza

*Vedrai, non sarà più il verso di un gabbiano
a svegliare il tuo cuore solitario di persona
importante in mezzo a tanti stolti.
Vedrai, non avrai più la paura di chi è lasciato
da solo a lottare contro tutti.
Perché' laggiù: è spuntato un arcobaleno
che ti accompagnerà per sempre,
e ti ripagherà di tutto il male ricevuto.*

Ripensamenti

La solitudine di un giorno senza fine,
ti comunica una giornata senza sole,
e mentre raccatti le tue cose, per trasferirle
in alto, dove dalla piccola finestra semi-aperta,
penetra un raggio di luce,
che sembra squarci le tenebre
della tua stanza e della tua anima:
una melodia, che arriva da lontano, delicata, ma
costante, ammorbidisce il tuo cuore, che il mondo degli
umani ha reso come sasso, in mezzo al petto.

Il rumore del mare

*Mi apre il cuore e scioglie
nel mio petto la callosità
di questa esistenza che genera
a volte smarrimento, angoscia, sfiducia, e quando con
volontà cominci a credere
di nuovo, piombano sulla tua fragile,
ma possente vita, gabbiani arrabbiati
che cercano cibo sulla scogliera,
coperta di spuma bianca, che le onde impazzite
lasciano, per non far dimenticare la loro presenza*

Riflessione

Anche quando manca un dialogo, una voce
puoi sempre godere della pulita sensazione
di essere in compagnia di te stesso.
Allontanarsi dai perfidi, diventa benefico,
perché come bisce ti circuiscono
per confondere in te la verità
e innalzare la loro versione di ambiguità,
riferendo aneddoti impropri, opportunistici.
Alla falsità, bisogna preferire il silenzio,
unico strumento disintossicante dello spirito,
su questa terra popolata da bisce

L'attesa

Azzurro mare, sabbia colorata,
aspettavano la venuta della povera signora
che voleva raccogliere l'ultimo raggio
di una giornata di sole di settembre,
che incoraggiava la voglia di tornare
a vivere laggiù: dove le ombre gigantesche
degli ombrelloni disposti sulla riva,
coprivano le membra addormentate di lei che riposava
in un angolo della sabbia, forse cocente, con il cuore
indurito dalla solitudine e dall'abbandono delle
persone a lei care.
Ma, ad un certo punto della giornata
arriva uno straniero, minuto, giovane e forse anche lui
solo, disperato: le si avvicinò,
la salutò, per poi scomparire, lasciandole un fiore,
un numero, una promessa.

Rintocchi

*Le campane suonavano a festa, quando quel giorno
sei apparso e hai dato coraggio alla sua voglia di
rivedere il mondo a colori e non più in bianco e nero
come da tempo accadeva.
Poteva essere stata una dolce nenia a risvegliare il
desiderio della bambina che non conoscendo la gioia
di vivere, ha voluto seguire l'aquilone dove
il celeste del suo cuore sonnecchiava e protestava un
po' di gioia.
Ma il gioco è durato troppo o troppo poco.
L'hai spaventata e non ti riconosce più come principe
errante nella giostra della sua vita.*

A mio nipote

Quando arrivai sotto casa, ti chiamavo con la dolcezza
di sempre, affannata accavallavo le scale,
che sembravano enormi, insormontabili, per arrivare
a te, che tutto bagnato sgambettavi furente e urlando di
gioia e di amore, scivolavi dalle braccia
della tua genitrice e con disperazione ti attaccavi al
mio collo ,per rimproverare la mia assenza che
ti aveva creato così tanta tristezza.

Ai nipotini

*Vorrei essere una farfalla per volare
nella vostra stanza,
vorrei essere una farfalla per osservarvi quando
dormite,
vorrei essere una farfalla per raggiungervi quando
voglio;
vorrei essere cielo, per guardarvi ovunque,
vorrei essere il sole, per scaldarvi,
vorrei essere una stella, per illuminarvi la via,
essere il mare, per potervi bagnare,
vorrei essere il vento, per accarezzarvi i capelli,
essere un clown, per vedervi sempre sorridere.*

Una gioia

Mi hai chiamato con un sorriso,
mi hai regalato la speranza di una vita diversa, più
bella, più interessante, per me nascosta dietro le
nuvole del cielo, per affacciarmi ogni tanto, e sorridere
delle banalità di questo mondo, che diventa sempre più
incomprensibile e più distante da
come lo vorrei.
Ho intrecciato come collane di perle le tue parole, che
scivolavano via ,come su di una slitta bagnata,
per regalarmi conforto, entusiasmo che non
accarezzavo da tempo e la gioia di colei che non
credeva piu' nei miracoli :
" adesso so che esistono "

Momenti piacevoli

E' stata l'unica volta nella vita
dove non pensasti troppo a quanto ti accadesse,
e come bimbo incosciente accettasti quanto
ti offrirono senza chiederti perché'.
Le giornate tranquille nei campi rendevano
gaiezza e spronavano a cose sempre nuove;
vorresti forse tornare in quei posti dove
la tua voglia di vivere si specchiava nell'acqua
della sorgente e ti invitava a raccogliere sensazioni
piacevoli , per poi tornare verso casa accompagnati
dall'aria dell'estate e dal canto delle cicale.

Delusione

Correvi spensierata e felice incontro a lei
che sembrava l'unica ragione della tua vita,
ma la luce della sua magia ti ha accecata,
gli occhi che pensavi fossero ormai saggi nel
distinguere il bene dal male; non è stato cosi,
anche loro ti hanno ingannato, se adesso ti ritrovi
a chiedere perché' sei di nuovo sola, senza neppure la
stretta della piccola mano del fanciullino a te caro.

Tristezza

*Le giornate scorrono silenziose
e piene di rabbia si aspetta l'arcobaleno,
che tarda a venire, anche quando da poco la pioggia
ha ricoperto i p rati e i fiori che prima appassiti
tornano ad un nuovo vigore.
Si potrebbe pensare ad un piccolo ritardo, ma
purtroppo, non vedo la speranza, che qualche volta si
metteva al mio fianco, per regalarmi il cosiddetto
piacere di una illusione benevole, a dispetto delle
giornate che scorrevano
silenziose, piene di rabbia e senza un briciolo di sole.*

Il tuo cane

*Quando ti accorgerai di non avere nessuno in mezzo
a tanta gente, ricercherai il tuo cane abbandonato,
lo condurrai per le strade del tuo paese, felice di aver
ritrovato l'amico che pensavi perduto.
Quando ti accorgerai di non avere nessuno in mezzo a
tanta gente, ti resterà solo la voce per
invocare dio, e nella mano chiusa un pugno di polvere.*

L'abbandono

*Quando ti abbandonano a te stesso
è come volare in un cielo di sabbia.*

*Quando ti abbandonano a te stesso è
come remare in un mare di carta.*

L'addio

*Improvvisamente avvertii
sotto i miei piedi la terra tremare,
il soffitto volteggiare e con nausea feroce, ma incupita
dal tuo sciocco atteggiamento di soccorrermi,
precipitare nel nulla, nel baratro
più buio di una mezzanotte d'inverno.
Ti chiedevo con lo sguardo l'aiuto,
le parole si erano ormai gelate sulle labbra
che restavano ferme, immobili, incapaci di tirar fuori
neanche un lamento, in quella stanza terribilmente
fredda. Le guance ormai bagnate dal pianto, ma la tua
giacca scompariva già dietro la porta con l'inganno di
chi sta per andarsene per sempre.*

Il treno

Venivi lentamente con un sorriso raggiante,
e mi invitavi a bere quel caffè che da tanto
desideravo, ma che il tempo troppo lungo dell'attesa
ne aveva annullato il desiderio;
perciò ti risposi, che non volevo seguirti, ma preferivo
restare accovacciata all'angolo del sedile del treno, a
sgranocchiare le mie noccioline,
che avevano ormai reso salato il mio palato, che
implorava acqua minerale , piuttosto che il caffè
tanto desiderato.
Ad un tratto però l'arresto del treno ci ricordò
l'arrivo a Milano, e quasi per incanto ti porsi la
guancia per un saluto purtroppo per sempre..

Il dubbio

Vorrei soltanto sapere cosa il tuo cuore vuole,
per poter scoprire i tuoi segreti e se fra questi
non ci sono anch'io, andare via in silenzio con il
cuore che brucia e l'animo sconvolto da tanto
aspettare e sperare che qualcosa di buono accadesse.

Ma è inutile sperare, tutto va in declino, quando
non hai una stella che accompagna il tuo cammino
e fa luce sulla tua strada, sei di nuovo nel buio,
e a tentoni, cerchi una via d'uscita, ma quale?

e dopo tanto pellegrinare, ritrovarsi ancora
sullo stesso posto, senza nessuno più che ti faccia
sperare e guardando invano il vuoto, cercare di
afferrare almeno la mano di qualcuno, che come te
è tornato nell'ombra.

Il vortice

Nel vortice della sua luce, ormai fioca,
risalire ad uno ad uno i gradini della vita.
Sperare che il crollo delle tue rovine non ti desti,
affinché non vedi la tua immagine dissolta dal tempo,
dai tristi eventi e dalle ingiuste vere.
Ma quella luce, come divina,
riaccende il mio pensiero.

La giustizia

Non esiste giustizia
in questo mondo assurdo,
dove gli uomini corrono e fremono
per le avversità della vita.
Non esiste amore per molti che hanno
sempre amato: e come lenta agonia,
trascinato il proprio essere, che accartocciato dai
propri abiti implora giustizia, e non pietà in questo
mondo assurdo.

Considerazioni

Piombavano nella stanza come avvoltoi,
con il volto tirato ed un sorriso stampato,
per confondere le idee e dare una speranza
di un mondo migliore.
Migliore per loro, per gli avvoltoi, che promettono
cieli azzurri e distese praterie, ma solo perché
tu possa curarli, tagliare le siepi, rinfrescare l'erba,
trapiantare fiori, per poi portare i loro cavalli
al trotto.

Sconosciuta

Lo squillo del telefono
mi ha messo in contatto con te
che da tempo disturbi il mio pensiero,
che è sempre stato lontano dalla tua persona,
improvvisamente ti sei tuffata nella mia camera
con voce suadente, per ossessionare il mio cuore
già stanco per le molteplici avversità
della vita.
Finalmente ho potuto gridarti la tua negligenza,
la tua ottusità e il tuo essere non essere che vuoi
affermare a tutti i costi.
Sei una perdente e devi accettarlo, come ho dovuto
farlo un tempo, anch'io.

Piccoli uomini

Nel cerchio del mondo giriamo intorno,
noi piccoli mortali, che arrampicati sugli scogli,
andiamo verso una luce che spesso non troviamo,
e non possiamo neppure tornare indietro, quando
ci accorgiamo di non poter proseguire
sulla strada che porta alla vita di ognuno,
senza nemmeno ricordare la gioia , a volte vissuta
in compagnia di persone semplici, che di tanto in tanto
allietavano la mente e il cuore di questi piccoli uomini
che girano intorno al mondo, col desiderio di diventare
grandi in qualche parte del globo terrestre, e ridono e
piangono e si riuniscono
nei luoghi più impensati per parlare .....di niente, e
come formichine colorate attraversano le strade
che hanno l'odore di petrolio sull'asfalto bollente, e
lasciano l'acqua del mare inquieta ,
mutevole nel profondo oceano, dove le conchiglie
fanno da letto ai pesciolini multicolori che aspettano il
giorno ,col desiderio che hanno anche
i piccoli uomini di vedere di nuovo spuntare l'alba.

Il perdono

Non so più perdonare e tu lo sai,
neanche quando mi pesa la tua assenza,
perché' tu hai mischiato le carte e così
l'hai fatto andare lontano,
lo hai lasciato scappare, come un ladro
d'amore si è nascosto il perdono,
eppure ti affanni a cercare nei miei occhi
il perdono, anche se lo sai : posso dimenticare,
ma io " non so più perdonare "

Le altalene

Smettiamola con le altalene,
non le sopporto più, anche quando
mi mandi in alto, è duro poi tornare giù, il tonfo è
troppo forte; meglio volare come farfalle
stanche o come libellule pigre, sui girasoli
a settembre, quando l'aria è più fresca,
volteggiare sui verdi prati , sui cespugli rigogliosi
e ridenti, senza temere di spezzarsi le ali, che
accadrebbe invece dalle altalene impazzite, oppure
girare sulla giostra con cavalli di legno, dallo sguardo
vitreo , ma sostenuti da una sella rigida
e sicura, da briglie sciolte, ma forti, è come la gioia
che rincorre la noia, perciò smettiamola con le
altalene, non mi divertono più.

per questo ti dico :" basta "

Dove sono andati i sogni

*Vi cerco, vi chiamo, vi rincorro
e non vi trovo. Dove sono andati i sogni.
Forse sono nascosti in mezzo ai fiori, forse
sulle montagne immacolate, o nella sabbia
del mare , per non farvi trovare.
Dove sono andati i sogni?
Li chiamo ancora e li imploro di tornare, per farci
ancora sperare, ancora sorridere, ed anche
piangere, perché' siete andati via?
I sogni non sono più nel cassetto, qualcuno li ha rubati
per farci invecchiare, per farci sentire inutili e vuoti
perché'
essi sono la speranza, sono la medicina, sono la
ricchezza, soprattutto del povero, dell'emarginato,
del dimenticato, dell'anziano e del bambino.
Sono i gioielli preziosi della vita umana.*

Dove sono andati i sogni

Sorelle

*La musica e la poesia sono sorelle che mi fanno
sempre
compagnia. Non mi lasciano mai da sola, neanche
quando vado via, ho sempre nell'orecchio e nel cuore
quella tua melodia e come una fedele amica, ti vedo
correre poesia, per abbracciarmi ancora una volta,
con la strategia che solo tu conosci e mi prendi per
mano e mi conduci dove tu vuoi, proprio come si guida
un bambino, e mi sorprendi sempre, anche quando non
ti chiedo niente, ti affacci sul più bello per salutarmi e
ricordarmi che c'è anche tua sorella.*

Esiste una sottile paura della libertà, per cui tutti vogliono essere schiavi. Tutti naturalmente parliamo della libertà, ma nessuno ha il coraggio di essere davvero libero, perché quando sei davvero libero, sei solo, e solo se hai il coraggio di essere solo, puoi essere libero.

OSHO

INDICE

Finito di stampare nel mese di Marzo 2016
per conto di Youcanprint *Self-Publishing*